Mit herzlichen Segenswünschen

Sabine Langenbach

Nur Mut!

Alles Gute zum Geburtstag

Agentur des Rauhen Hauses Hamburg

Mutig leben

Das Leben ist vielschichtig, bunt und schön – aber auch unberechenbar und schon mal schwer. Immer wieder muss ich mich entscheiden. Dafür brauche ich jede Menge Mut, aber nicht im Sinne von Wagemut, Unbedachtheit oder Leichtsinn.

Für mich bedeutet mutig leben, dass ich zuversichtlich und getrost meine Entscheidungen treffen kann, in dem Wissen, dass Gott immer da ist, dass bei ihm kein Ding unmöglich ist.

Von daher möchte ich Ihnen auf den nächsten Seiten Mut zum Leben machen. Durch mutmachende Geschichten aus der Bibel und von Menschen, die Mut bewiesen haben, in Liedern und Gedankenanstößen. Ich wünsche Ihnen viele ermutigende Gedanken bei der Lektüre!

Jesus Christus spricht:

Bei den Menschen ist's unmöglich:
aber bei Gott sind alle Dinge möglich.

Matthäus 19,26

Zeitenwandel

Als Martin Luther anfing, die Bibel ins Deutsche zu übersetzen, fand man das damals sehr mutig. Heutzutage wird daran gearbeitet, dass Menschen auf der ganzen Welt die Bibel in ihrer Muttersprache lesen können. In totalitären Regimen erfordert dieses Vorhaben noch immer viel Unerschrockenheit.

Im 19. Jahrhundert galt es als besonders mutig, in ein Flugzeug zu steigen – mittlerweile ist es ein ganz normales Transportmittel geworden.

Noch vor ein paar Jahrzehnten hat man Frauen im freundlichsten Fall als „mutig" bezeichnet, wenn sie statt eines Rocks eine Hose getragen haben. Heute kann sich das kaum einer mehr vorstellen.

Genauso wie sich die Ansichten darüber geändert haben, was mutig ist, hat sich im Laufe der Jahrhunderte auch die Bedeutung des Wortes gewandelt. Es ist spannend, auf Entdeckungsreise zu gehen. „Mut" hat seine Wurzeln im Althochdeutschen „muod" und stand für das Gemüt, für Leidenschaft und Entschlossenheit. Im Mittelalter, als Minnesang an adligen Höfen beliebt war, stand Mut auch für Stolz. Mit Beginn der großen Kriege wurde der Begriff mit dem des Wagemutes, der Tapferkeit und Kühnheit vermischt. Bis ins 19. Jahrhundert hinein war an „Mut" gleichzeitig die Hoffnung geknüpft, dass etwas gut ausgeht. Das spiegelt sich z. B. in den Begriffen „Wohlgemut" und „guten Mutes sein" wider.

Ein Blick in den Duden erklärt, was Mut heute bedeutet: die eigene Angst zu überwinden, auch wenn es gefährlich und riskant ist oder wenn mir dadurch Nachteile entstehen.

Aus christlicher Perspektive lässt sich noch eine weitere Dimension ergänzen, nämlich die, dass ich durch schwierige Situationen nicht alleine gehen muss, sondern meine Zuversicht auf Gott setzen darf, der mich begleitet und alles in seinen Händen hält und dem nichts unmöglich ist. – In diesem Sinne: Gehen Sie mutig durch diesen Tag!

Seid mutig und seid stark!

1. Korinther 16,13

Mutpost

Der Postbote hatte richtig zu schleppen an diesem Mittwoch. Drei Päckchen und ein großes Paket brachte er ihr die Treppe hoch in den fünften Stock. Mit einem freudigen Lächeln nahm sie alles entgegen und schloss die Eingangstür hinter sich. „Post am Geburtstag", dachte sie, „wie schön!"

Sie hatte sich den Tag frei genommen. Nicht weil sie einen „runden" Geburtstag hatte. Nein, ihr war einfach danach. So viel war in den letzten Wochen und Monaten passiert. Heute wollte sie sich endlich mal Zeit zum Nachdenken nehmen. Außerdem war eine Entscheidung fällig: Man hatte ihr einen neuen Job angeboten, der viel mehr ihren Gaben und Fähigkeiten entsprach. Das reizte sie sehr. Aber der Gedanke, die vertraute Stadt, die Arbeitsstelle, die Kollegen und

Freunde zu verlassen – all die Sicherheit – das hatte sie bisher davon abgehalten „Ja" zu sagen.

Vorsichtig legte sie die Päckchen und das Paket auf den Couchtisch. Wer wohl an ihren Geburtstag gedacht hatte? Sie nahm Päckchen Nummer eins in die Hand. Sie seufzte. Es war nur das Ersatzteil für die Dunstabzugshaube, das sie vor ein paar Tagen angefordert hatte. Auch bei Päckchen Nummer zwei war schnell klar, dass es lediglich der Roman war, den sie sich selbst bestellt hatte. Sie griff zum dritten Päckchen. Mit bunten Buchstaben stand dort ihr Name: Sonja May. Die Schrift kannte sie gut. Ihre Freundin Ramona hatte auch in diesem Jahr ihren Geburtstag nicht vergessen!

Sonja riss die Verpackung auseinander und fand einen wunderschönen, handgestrickten Schal in ihrer Lieblingsfarbe lila, Pralinen und eine Karte mit herzlichen

Glück- und Segenswünschen. Sonja nahm sich eine Praline und ließ sie genüsslich auf der Zunge zergehen. „Geburtstag zu haben ist doch was Schönes!", sagte sie vor sich hin.

Blieb nur noch das große Paket. Eine Warenlieferung konnte es nicht sein, denn sie hatte nichts weiter bestellt. Kein Absender. Die Adresse war mit Computer geschrieben. Merkwürdig. Neugierig nahm sie das Paket und schüttelte es. Nichts. Kein Klappern oder Scheppern. Und es war so leicht für die Größe! Sie schnitt die Verpackung auf und ihr Blick fiel auf ... Zeitungspapier! Sie begann mit dem Ausräumen. Neben ihr stapelte sich schon ein gehöriger Haufen Papier, als sie eine kleine Tüte aus Packpapier ganz unten im Karton entdeckte. Vorsichtig nahm sie sie heraus. Voller Spannung schüttete sie den Inhalt der braunen Tüte über dem Couchtisch aus. Ein weißes Blatt Papier

segelte heraus. Darauf standen ein paar mit Computer geschriebene Sätze:

„Sei mutig und stark! Fürchte dich also nicht,
und hab keine Angst; denn der Herr, dein Gott,
ist mit dir bei allem, was du unternimmst."
Josua 1,9

Den Vers kannte Sonja aus der Bibel. Aber wer bit-
teschön schickte ihr so ein großes Paket mit nichts
weiter darin als einem Bibelspruch? Was sollte das
denn bedeuten?
„Jetzt brauche ich erstmal einen Kaffee", dachte sie
und ging in die Küche. Mit einer dampfenden Tasse
kehrte sie einige Minuten später zurück ins Wohn-
zimmer. Ihre Gedanken kreisten immer noch um das
merkwürdige Paket. Da fiel ihr Blick auf das Blatt

mit dem Bibelspruch – sie stutzte und las die Verse nochmals: „Sei mutig und stark! Fürchte dich nicht ...“ War dieser Bibelvers nicht wie eine Aufforderung an sie persönlich mit Blick auf das Jobangebot und die Ängste, die sie mit einem Umzug verband? Sollte sie etwa mutig und stark sein? Aber ihre Bedenken waren doch berechtigt!

Dann las sie weiter: „Denn der Herr, dein Gott, ist mit dir bei allem, was du unternimmst!“ – Dass Gott da ist, so grundsätzlich, das war für sie eine klare Sache. Aber dass er auch ganz persönlich an ihrer Seite ist, in jedem Augenblick ihres Lebens – diese Tatsache traf sie „wie aus heiterem Himmel“. Und plötzlich war ihr ganz klar, wie sie sich entscheiden würde!

Denen, die Gott lieben,
verwandelt er alles in Gutes,
auch ihre Irrwege und Fehler lässt
Gott ihnen zum Guten werden.
Aurelius Augustinus

Lieber Vater im Himmel,

Wie gut ist es zu wissen,
dass ich meinen Weg
nicht alleine gehen muss,
sondern dass du immer an meiner Seite bist.

Du, der Schöpfer von Himmel und Erde,
hast den Überblick und weißt, was ich brauche
und was gut ist für mich.
Das gibt mir Mut für mein Leben.
Danke für deine Treue und Liebe.

Amen.

Gott, ein Seemann?

„Gott muss ein Seemann sein … Er lässt seine Mannschaft nie allein!", singt die Gruppe *Santiano* in einer Mischung aus Shanty, Pop und Schlager. Ich staune über den Text: Gott, ein Seemann? Passt das denn? – Ja, irgendwie schon. Denn Jesus, Gottes Sohn, war gerne am Meer. Auch wenn es „nur" das sogenannte Galiläische Meer war, der See Genezareth. Aber auch dort kann es aufgrund der tückischen Fallwinde recht stürmisch werden.

In der Bibel finde ich einige interessante „Seemannsberichte", zum Beispiel den im Matthäus-Evangelium, Kapitel vierzehn:

Mitten in der Nacht geht Jesus auf dem See hinüber zu dem Boot, in dem seine Freunde unterwegs zur anderen Seite sind. Das Boot ist in Not aufgrund der hohen Wellen. Als die Insassen Jesus auf dem Wasser laufen sehen, denken sie, es kommt ein Gespenst. Sie fürchten sich. Aber Jesus ruft ihnen zu: „Habt keine Angst! Ich bin es doch!" Petrus, einer seiner Nachfolger, antwortet: „Wenn du es wirklich bist, dann lass mich auf dem Wasser zu dir kommen!" Da ruft Jesus: „Komm her!" Und tatsächlich, Petrus wagt den Schritt aus dem Boot heraus. Man stelle sich das vor: mitten auf dem See! Das war keine Pfütze. Ist der mutig! Und es klappt tatsächlich. Petrus kann auf dem Wasser laufen! Aber dann bemerkt er, dass der Wind doch ziemlich stark weht. Er sieht auf die hohen Wellen und beginnt zu sinken. Er schreit nach Jesus. Der reicht ihm sogleich die Hand und hält ihn fest. Kurz darauf steigen beide ins Boot.

Dieser „Seemannsbericht" aus der Bibel macht mir Mut. Er zeigt mir: Jesus lässt seine Nachfolger nicht im

Stich. Auch wenn die Wellen noch so hochschlagen – Jesus, der Sohn Gottes, ist ganz nah und greift ein, zu seiner Zeit! Petrus kann auf dem Wasser laufen, wenn er Jesus nicht aus den Augen verliert. Schaut er jedoch nur auf die Gefahren, dann sinkt er. Aber Jesus lässt ihn nicht untergehen, sondern hält ihn fest.

Das gilt auch für mein Leben. Gott ist da! Jesus ist da! In stürmischen Zeiten und bei ruhiger See. Das hat er selbst versprochen: „Ich bin bei euch alle Tage bis ans Ende der Welt!" (Matthäus 28,20).

„Gott muss ein Seemann sein ..." – ob man Gott als Seemann bezeichnen kann, darüber lässt sich diskutieren. Aber die Liedzeile von Santiano, „Er lässt die Mannschaft nie allein!", stimmt. Darauf ist Verlass. Mit Gott als „Steuermann" kann ich mutig durchs Leben schippern.

Ich singe dir
mit Herz und Mund

Wohlauf, mein Herze, sing und spring
und habe guten Mut!
Dein Gott, der Ursprung aller Ding,
ist selbst und bleibt dein Gut.

Er ist dein Schatz, dein Erb und Teil,
dein Glanz und Freudenlicht,
dein Schirm und Schild, dein Hilf und Heil,
schafft Rat und lässt dich nicht.

Was kränkst du dich in deinem Sinn
und grämst dich Tag und Nacht?
Nimm deine Sorg und wirf sie hin
auf den, der dich gemacht!

Paul Gerhardt (EG 324, 13-15)

Er führet mich
auf rechter Straße
um seines Namens willen.

Psalm 23,3

Mut in schweren Zeiten

Das Leben von Hedwig von Redern schien vorge-zeichnet: 1866 wurde sie als Sproß einer zum Uradel gehörenden Familie geboren. Sie wuchs behütet auf, schrieb schon als Kind Gedichte und wäre wahrschein-lich an eine gute Partie verheiratet worden. Doch in ihrem 20. Lebensjahr änderte sich alles. Erst verstarb ganz plötzlich ihr Vater, dann wurde der Familienbe-sitz, der Gutshof, durch einen Brand zerstört. Hedwig, ihre Mutter und die Geschwister standen vor dem Nichts und mussten die Mark Brandenburg verlassen. Sie zogen nach Berlin in eine ärmliche Mietwohnung. Es war ein krasser Gegensatz zu ihrem bisherigen Leben.

Das war zu viel für die junge Frau. Sie war wütend auf Gott und fragte sich, warum er das alles zugelas-

sen hatte. Der Wendepunkt
für Hedwig von Redern kam
durch Veranstaltungen mit
dem Prediger Elias Schrenk.
Seine klaren, ermahnenden
und ermutigenden Worte
rüttelten sie auf. Schließlich

fand sie Trost, Kraft und Mut im christlichen Glauben.
Diese befreiende Erfahrung konnte und wollte sie
nicht für sich behalten und so arbeitete sie im Kinder-
gottesdienst und in Mütterkreisen mit, dann begann
sie in einem Berliner Krankenhaus, sich um Kranke zu
kümmern. Später engagierte sie sich noch für Poli-
zisten und ihre Frauen. Das Gespräch mit Gott, das
Gebet, wurde für sie immer wichtiger. Deshalb grün-
dete sie 1900 mit anderen zusammen den Deutschen
Frauen-Missions-Gebetsbund (DFMGB).

Für sich selbst schrieb sie Texte und Gedichte, die sich mit ihrem festen Glauben und Vertrauen auf Jesus Christus und ihrer Dankbarkeit Gott gegenüber beschäftigten. Andere ermutigten sie, das Geschriebene zu veröffentlichen. Davon profitieren Menschen weltweit bis heute. Eines ihrer bekanntesten Liedtexte ist „Weiß ich den Weg auch nicht, du weißt ihn wohl!". Aber auch folgender Text von Hedwig von Redern macht bis heute Mut in schweren Zeiten:

Brauchst du Kraft? Bei ihm ist Stärke.
Brauchst du Hilfe? Er ist da!
Er wird nie sein Kind verlassen;
nein, will bei der Hand dich fassen.
Fürchte nichts. Er ist ganz nah!

Er, dein Gott, weiß Rat für alles,
er errettet, trägt und hebt.
Seinem Blick ist nichts verborgen,
lass in seiner Hand dein Morgen;
er ist Sieger, und er lebt!

Vor ihm ist kein Ding unmöglich!
Er herrscht über Raum und Zeit;
über Sturmgewalt und Wogen
strahlt dir seines Friedens Bogen,
und sein Ziel ist Herrlichkeit!

Hedwig von Redern

Mut machen!

Weiß auf Hellblau lese ich die Worte in einem Schaukasten. Sie springen mich förmlich an: „Mut machen!" Wer will hier wem Mut machen? Ich gehe näher an das Plakat heran und entdecke, dass es auf eine Diakonie-Sammlung hinweist. Darunter ein Bibelzitat:

Hab festen Mut und hoffe auf den Herrn!
Psalm 27,14

Diese Sätze lassen mir keine Ruhe. Ich habe den Eindruck, dass sie mir ganz persönlich gelten. Zu Hause schlage ich Psalm 27 auf, „Geborgen bei Gott" lautet die Überschrift in der Übersetzung „Die Gute Nachricht", er stammt von König David. „Der Herr ist mein Licht, er befreit mich und hilft mir: darum habe ich keine Angst." So beginnt der Psalm. Starke Worte! Sie spiegeln unerschütterliches Vertrauen wider. König David, ein Glaubensheld – zumindest auf den ersten Blick.

Wenn ich mir seine Lebensgeschichte anschaue, dann wird klar, dass auch er Zweifel hatte oder sich ganz und gar nicht wie einer verhalten hat, der weiß, dass Gott ihn trägt. Und trotzdem verdanken wir David viele tiefgründige, mitten aus dem Leben gegriffene Psalmen, die auch ganz offen und ehrlich Gott anklagen – aber immer im Vertrauen auf ihn enden.

Das will ich auch lernen: Gott ehrlich meine Lebenssituation, meine Ängste und Mutlosigkeit im Gebet zu sagen. Und dann darauf vertrauen, dass er sich um alles kümmert.

„Hab festen Mut und hoffe auf den Herrn!" – das ist der letzte Vers von Psalm 27. Mir fällt auf, dass sich hier die Perspektive verändert hat. Vorher hat David von sich selbst gesprochen. Von seinem Vertrauen und seinen Bitten. Aber diese Worte spricht jemand anderes aus. Bibelausleger gehen davon aus, dass ein Priester oder (Mit-)Beter diesen Zuspruch an David gerichtet hat.

Das bestätigt meinen Gedanken, dass es schwierig ist, sich selbst Mut zu machen. Echte Ermutigung kommt von außen. Durch andere Menschen, durch (Bibel-) Worte – und manchmal auch durch ein Plakat in Weiß und Hellblau.

Für mich enthielt es die Zusage, dass ich mich nicht alleine durchs Leben mühen muss, weil Gott immer an meiner Seite ist. Mein Vertrauen auf ihn wird nicht enttäuscht werden.

Herr,
du nimmst mir
meine Angst,
mit dir kann ich
mutig vorangehen.

Es tut gut, Herr,
Dir zu vertrauen.
Du lenkst jeden
meiner Schritte.
Amen.

Singen macht Mut!

„Lukas, bring mal bitte die leeren Flaschen in den Keller!", hörte er es aus der Küche rufen. Die Enkel waren zu Besuch und seine Frau ließ es sich nicht nehmen, Lukas und Marlena mit in die Hausarbeit einzuspannen. Er selbst hatte es sich gerade im Sessel bequem gemacht und die Zeitung auseinandergefaltet. Aber jetzt konnte er sich nicht mehr konzentrieren.

Dieser banale Satz geisterte ihm durch den Kopf: „... bring mal bitte die leeren Flaschen in den Keller!" Manchmal brauchte es nur so einen kleinen Satz und die Erinnerungen längst vergangener Tage holten ihn ein. Plötzlich war er, Jürgen, der pensionierte Diplom-Ingenieur, wieder der kleine Junge, der von seiner Mutter in den Keller geschickt wurde. Jedes Mal wäre er am liebsten abgehauen. Aber er hatte keine Wahl. Er musste runter. Drei Etagen abwärts durch das Berliner Altbau-Treppenhaus. Jede Holzstufe knarrte anders. Unheimlich. Gruselig. Dann stand er vor der grünen Kellertür. Dahinter das nackte Grauen: 20 steile, glatte Steinstufen führten geradewegs in ein Labyrinth von Gängen. Und überall diese Stahltüren mit Hebeln zum Verschließen. Sie flößten ihm Angst ein. Denn seine Mutter hatte ihm erzählt, dass hier im Krieg Menschen vor den Bomben Schutz gesucht hatten. In seiner Phantasie sah er die Menschen zusammengekauert hier sitzen, während oben der Krieg tobte. Grauenhaft! Wie war er froh, als er endlich den eigenen Keller erreichte, dort schnell die Flaschen wegpacken und vorsichtig neue in die Tasche gleiten lassen konnte. „Bloß schnell wieder nach oben!", war sein einziger Gedanke.

Das ging lange Zeit so, bis ihm eine Idee kam, die den Gang in den Keller erträglicher machte:

Schon oben im dritten Stock begann er zu singen. Nicht immer schön, aber immer laut! Mal war es ein Schlager, mal ein altes Volkslied – aber am besten halfen ihm die Kirchenlieder, die er sonntags mit seiner Familie im Gottesdienst sang. Dass Jürgen auf einmal mit „Großer Gott, wir loben dich. Herr, wir preisen deine Stärke!" auf den Lippen in den Keller stapfte, wunderte seine Familie doch sehr. Aber sie fragten nie, warum er es tat. Ob er es jemals zugegeben hätte, dass dieses Singen ihm Mut machte? Was konnte ihm denn schon im dunklen, unheimlichen Keller passieren, wenn er den großen und starken Gott an seiner Seite wusste!

Plötzlich holte ihn Lukas ziemlich unsanft in die Gegenwart zurück. Der stand nämlich laut heulend vor ihm und sagte: „Opa, ich will nie, nie wieder in euren Keller gehen. Da ist es sooo gruselig!" Opa Jürgen nahm seinen Enkel ganz fest in den Arm. Dann schaute er ihn liebevoll an und sagte: „Ich erzähl dir jetzt mal meine Singen-macht-Mut-Geschichte!" Da staunte Lukas nicht schlecht, dass der Opa seine Angst so gut verstehen konnte.

„Das alte Kirchenlied ist übrigens bis heute mein Begleiter geblieben! Zwar singe ich es jetzt nicht mehr, wenn ich in den Keller gehe, aber wenn etwas passiert, das mir Angst macht, dann hab ich es immer im Kopf! Denn ich weiß genau, dass Gott mich nie im Stich lässt und er immer bei mir ist! Und das nächste Mal, wenn die Oma dich in den Keller schickt, gehen wir einfach zusammen und du singst mit mir mit!"

Seid stark in dem Herrn
und in der Macht seiner Stärke.

Epheser 6,10

Die Autorin

Sabine Langenbach, geb. 1967, ist Radio/TV-Moderatorin, freie Journalistin und Referentin für Lebensfragen. Sie lebt mit ihrer Familie im Sauerland. Mehr Infos unter www.sabine-langenbach.de

Textnachweis

Die Bibelzitate sind entnommen aus: Lutherbibel, revidierter Text 1984, durchgesehene Ausgabe in neuer Rechtschreibung, © 1999 Deutsche Bibelgesellschaft, Stuttgart.

Wir haben uns bemüht, alle Zitate zu verifizieren und mit einem Quellenhinweis zu belegen. Dies ist uns in einigen Fällen nicht gelungen. Wir bitten die Autoren oder Verlage dieser Textstellen, mit uns Verbindung aufzunehmen.

Bildnachweis

Titel: © haveseen/ClipDealer; **Seite 4:** © DoraZett/Fotolia.com; **Seite 6:** © eyeQ/Fotolia.com; **Seite 9:** © scpictures/Fotolia.com; **Seite 10/11:** © istockphoto.com/Louis16; **Seite 12:** © iStockphoto.com/Funwithfood; **Seite 18/19:** © Rainer Sturm/Pixelio; **Seite 21:** © travelpeter/Fotolia.com, Motiv: Rüdesheim; **Seite 22:** © iStockphoto.com/pacaypalla; **Seite 27:** © daingham/ClipDealer; **Seite 28/29:** © Panthermedia/starman963; **Seite 30:** © Panthermedia/Potsdam_Foto; **Seite 35:** © DoraZett/Fotolia.com; Seite 36: © twinlili/Pixelio; **Seite 40/41:** © nailiaschwarz/ClipDealer; Seite 44: © iStockphoto.com/AvatarKnowmad; **Seite 47:** © nailiaschwarz/ClipDealer

© Agentur des Rauhen Hauses Hamburg 2015
www.agentur-rauhes-haus.de

uadro

Kartonierte Ausgabe: ISBN 978-3-7600-0991-9 • Best.-Nr. 1 0991-9
Gebundene Ausgabe: ISBN 978-3-7600-1922-2 • Best.-Nr. 1 1922-2

Ermutigung tut der Seele gut. Wir tanken auf und gestärkt weiter auf unserem Weg. Mut können wir uns nicht selbst machen, er muss von außen kommen, wie zum Beispiel durch diese Geschichten, die ermutigen, etwas zu wagen, sich nicht einschüchtern zu lassen, aufzubrechen. Wir dürfen darauf vertrauen, dass Gott mit uns geht und dass er einen guten Weg für uns hat.

9 783760 009919

Best.-Nr. 1 0991-9

Agentur des Rauhen Hauses Hamburg
www.agentur-rauhes-haus.de